反邪教宣传教育系列读本 **小学版**

福州市防范处理邪教问题办公室 编

擦亮眼睛　远离邪教

海峡出版发行集团 THE STRAITS PUBLISHING & DISTRIBUTING GROUP | 福建人民出版社 FUJIAN PEOPLE'S PUBLISHING HOUSE

图书在版编目（CIP）数据

擦亮眼睛 远离邪教/福州市防范处理邪教问题办公室编. --福州：福建人民出版社，2017.1（2023.2重印）

（反邪教宣传教育系列读本）

ISBN 978-7-211-07451-8

Ⅰ.①擦… Ⅱ.①福… Ⅲ.①邪教—批判—中国—青少年读物—通俗读物 Ⅳ.①D669.8-49

中国版本图书馆CIP数据核字（2016）第214420号

擦亮眼睛 远离邪教（小学版）

CALIANG YANJING YUANLI XIEJIAO

编　　者：福州市防范处理邪教问题办公室
责任编辑：季奎奎
责任校对：林乔楠
出版发行：福建人民出版社　　电　　话：0591-87604366(发行部)
地　　址：福州市东水路76号　　邮　　编：350001
网　　址：http://www.fjpph.com　　电子邮箱：fjpph7211@126.com
经　　销：福建新华发行（集团）有限责任公司
印　　刷：福州印团网印刷有限公司
地　　址：福州市仓山区建新镇十字亭路4号
电　　话：0591-87881810
开　　本：890毫米×1240毫米 1/32
印　　张：2.25
字　　数：41千字
版　　次：2017年1月第1版　　印　　次：2023年2月第8次印刷
书　　号：ISBN 978-7-211-07451-8
定　　价：20.00元

前 言

让我们荡起双桨

小船儿推开波浪

海面倒映着美丽的白塔

四周环绕着绿树红墙

……

《让我们荡起双桨》这欢快优美的少儿歌曲，伴随着一代又一代的祖国花朵，唱响了半个多世纪，响彻祖国的大江南北，也唱出了人们对美好生活的热爱和向往。

让我们荡起双桨

然而，当“小船儿轻轻飘荡在水中”，你可知平静的水面下有沉渣泛起；当我们尽情地感受“迎面吹来凉爽的风”，你可警觉到背后袭来的阴风邪气?当今社会的邪教，披着宗教、气功等外衣，有时候看起来很美丽，却如同毒瘤一样危害社会。更可恶的是邪教的罪恶黑手也伸向了天真烂漫的少年儿童，侵蚀着纯洁的校园，企图把少年儿童引向万劫不复的罪恶深渊，是可忍孰不可忍。

正像我们为了预防疾病必须打疫苗一样，为了让广大少年儿童健康成长，我们编印了这本揭示邪教本质、揭露邪教危害、普及相关科学知识的读本，希望同学们“擦亮眼睛、远离邪教”。

目　录

一、好大的一个家

你会唱《大中国》吗？这首节奏明快的流行歌曲，唱出了中华儿女的骄傲与自豪，以及对祖国的无比热爱。

庄严的北京天安门

我们都有一个家，
名字叫中国。
兄弟姐妹都很多，
景色也不错。
……
我们的大中国呀，
好大的一个家。
经过那个多少，
那个风吹和雨打。
我们的大中国呀，
好大的一个家。
永远那个永远我要伴随他！
……

民族大团结

我国是统一的多民族国家，有汉、满、蒙古、回、藏、维吾尔、苗、彝、壮、布依、羌、高山、朝鲜等56个民族。

中华民族历来以悠久的历史和丰富的文化而著称于世。五千多年来，在这片广阔神奇的土地上，勤劳智慧的中国人民自强不息、百折不挠，在改造自然、改善生活的不懈奋斗中，创造了蕴含中华思想精髓和价值追求的灿烂文化。每一个中华儿女都为我们伟大的民族拥有源远流长、博大精深的文化而感到自豪。

据不完全统计，中华各民族的传统节日合计约有120个。这些传统节日，是民族文化、民族精神、民族情感的凝聚，起到了传承、传播中华文明的重要作用。其中，春节、清明节、端午节、中秋节、重阳节是我国五大传统节日。

了解这些传统节日，参加一些相关活动，对于我们少年儿童的健康成长具有重要的意义。

春节是我国最盛大、最隆重、最热闹的一个传统节日。每年春节都会有公众假日。春节处在农历的岁首，俗称过年。传统的准备和庆祝活动从农历十二月（又称腊月）起，一直持续到正月十五元宵节。

除夕含有旧岁到此而除，另换新岁的意思。除夕是一年中最令人留恋的一晚，吃年夜饭，看春节联欢晚会，到午夜，在条件允许的地方，人们燃放鞭炮，点燃焰火，迎接新年的第一天。

除夕放鞭炮

大年初一起，上门拜年，互表美好的祝愿，已成为习俗。在通信发达的今天，人们乐于打电话或发短信、微信拜年，互致问候，恭祝新年安康，万事如意。

正月十五元宵节是又一个节庆高潮，到处张灯结彩。天上明月高悬，地上彩灯灿烂，人们赏花灯、猜灯谜、吃元宵，合家团聚，其乐融融。有些地方的街头还有舞龙舞狮、踩高跷、扭秧歌、跑旱船等表演，一派升平气象。

这些传统节日习俗，表达了人民对美好明天的衷心祝愿。

清明时节，春光明媚，桃红柳绿，大地一片欣欣向荣。扫墓是清明节的习俗，家家户户献花焚香供酒饭，祭奠先

元宵节看花灯，猜灯谜

人，表达怀念之情。

端午节的一项重要内容是纪念诗人屈原。两千多年来，屈原的爱国精神和感人篇章已深入人心。到了端午节，人们吃粽子、划龙舟，独特的饮食文化和体育文化让这个节日“与众不同”。龙舟竞渡，努力争先，不甘人后的精神千古不衰。

农历八月十五是我国重要的象征团圆的传统节日。这一天居秋季正中，所以称中秋节，又称仲秋节。中秋之夜，人们总要同家人团聚一起吃月饼，而游子则将自己对故乡和亲人的思念之情寄托明月，因而历代文人墨客留下了脍炙人口

端午节赛龙舟

的名篇佳作。

农历九月九日是重阳节。中国人以九为阳数，以六为阴数。农历九月九日，两阳相重，故名重阳节。重阳节又有“登高节”“茱萸节”“菊花节”等别称。在中华传统观念中，“九”与“久”谐音，“久久”还有生命久长的意思。2012年12月28日，我国将农历九月九日正式定为“老年节”。老人们在这一天登高以锻炼体魄，赏菊以陶冶性情，给晚年生活增添无限乐趣。

传统节日是祖国历史与文化的传承，它的形成与内涵，也与一些宗教有关联。一些居心不良的人往往加以利用，组织形形色色的邪教活动，制造、散布迷信邪说，蛊惑人心。

同学们在充分感受节日氛围，了解传统文化的同时，也要有所甄别，从小培养一双“慧眼”和保护自己的能力，坚决不参加“变味走调”的活动。

二、认清邪教本质　防范邪教侵蚀

邪教是怎么回事？我们为什么要远离邪教？这是我们少年儿童首先要弄懂的问题。

我们一般称那些具有反政府、反社会、反人类性质的极端主义教派为“邪教”。

从我国最高人民法院、最高人民检察院的司法解释上看，邪教组织具有五个特征：一是冒用宗教、气功等名义建立；二是神化首要分子；三是制造、散布迷信邪说，蒙骗他人，发展、控制成员；四是有组织地从事扰乱社会秩序、危害公民生命财产安全的活动；五是非法组织。

比如以李洪志为首的“法轮功”，就是打着宗教、气功旗号的邪教组织。从1988年3月开始，李洪志在吉林省长春市粮油公司工作期间，将之前跟人学的“功法”，加上模仿泰国舞蹈的一些动作，拼凑成了他所谓的“法轮功”，当起了“气功师”，通过教人练功赚钱，骗取了300多万元。但欺骗终难持久，于是经过一番策划，他编制了一套“法轮大法”歪理邪说，成立了邪教组织。

李洪志本来是1952年7月7日出生的，为了伪装自己是“佛祖转世”，他别有用心地把出生日期改为1951年5月13日（即农历四月初八，相传为佛祖释迦牟尼的诞辰日）。事实上，那个时候他的父母还没有结婚呢！他吹嘘自己比释迦牟尼、耶稣、孔子、老子都要高明，是比所有的神都要大的“唯一的”救世主，可以“把整个人类超度到光明中”。

李洪志和他的同伙，不仅在思想上欺骗和毒害练功者，而且从组织上对练功者进行控制。在北京设立的“法轮大法

写信揭露李洪志是骗子

研究会”，是一个没有经过政府有关部门登记批准的非法组织。李洪志自任会长，并在全国各地设立1000多个辅导站和2万多个练功点，自上而下形成了严密的组织体系。但是，知道李洪志底细的人是不会上当的。1994年，他的家乡吉林省长春市有100多人联名给中央有关部门写信，揭露李洪志是江湖骗子。

邪教组织“法轮功”无视社会安定，不顾广大人民群众的利益，不断煽动追随者进行非法集会，聚众闹事。“法轮功”骨干先后在北京、天津等地组织策划、指挥“法轮功”练习者非法聚集，围攻机关、事业单位，严重扰乱社会秩序。

例如，1996年6月《光明日报》发表文章批评“法轮功”，于是李洪志煽动大批“法轮功”练习者骚扰报社，恐吓工作人员。

1998年5月，北京电视台因为一个节目内有不赞成“法轮功”宣传的内容，就遭到“法轮功”练习者1000多人的围攻。

1999年4月，天津师范大学主办的刊物《青少年科技博览》刊登了中国科学院院士何祚庥写的文章《我不赞成青少年练气功》，其中对“法轮功”的宣传材料提出质疑时列举了一名学生修炼“法轮功”的恶果。李洪志和“法轮功”的其他头目煽动“法轮功”练习者，进入天津师范大学静坐示威，4月23日人数多达6000人，严重扰乱了学校正常的教学和生活秩序。

1999年4月25日，李洪志等人组织北京及外省市“法轮功”练习者万余人，到中南海周围非法聚集，静坐示威长达20小时左右，严重扰乱了国家机关的工作和广大群众正常生活秩序，危害了首都的社会安定。

“法轮功”教人练功，成效如何呢？据不完全统计，截至2001年2月，受到“法轮功”毒害，导致死亡的练习者和无辜人员达到1660多人。

2001年1月23日，正当人们欢庆传统节日——春节时，河南省有7名“法轮功”痴迷者到天安门广场自焚，其中2人被民警及时制止，1人当场烧死，4人烧成重伤，后又有1人抢救无效死亡。

在重伤人员中，有一名来自中央音乐学院琵琶专业，年仅19岁的女大学生陈果。她有着花一样的美丽容貌，也有着优秀的音乐潜质。

1991年秋天，10岁的陈果考上中央音乐学院附属小学，受到很好的培养。之后，她顺利地考入中央音乐学院附属中学、中央音乐学院民乐系琵琶专业。陈果学习努力，弹奏技艺也日臻成熟。她参加学院组团公演受到好评，作为琵琶独奏演员被选入中央电视台银河少年艺术团，多次成功演出。

就在陈果的音乐人生步入佳境之际，她收到了一本叫

《转法轮》的书。这本书是陈果的妈妈郝慧君特意寄给她的。作为“法轮功”的痴迷者，母亲既害了自己，又害了心爱的女儿。

郝慧君是河南省开封市一所中学的音乐教师，她自1997年起就痴迷于“法轮功”。她不仅给陈果寄去邪教书籍《转法轮》，劝说她练习功法，还在信中这样写道：女儿是妈妈的唯一，做妈妈的能害自己的女儿吗？……

郝慧君也给陈果的指导教师孙老师寄来几乎同样内容的信件，并表示：她是我的女儿，也是您的女儿。她对妈妈有感情，对您更有感情。我不会害自己的女儿，就像您绝不会害她一样……

利用亲情劝诱女儿加入邪教

孙老师看出了不好的苗头，每次专业课之后都要与陈果深谈一次，希望她能专注学业，不要为邪说歪理所迷惑。可孙老师没有想到的是，每年的寒暑假，竟成了郝慧君“争夺”女儿陈果的重要时机。

2001年寒假前，了解到陈果仍在练“法轮功”，孙老师终于按捺不住愤怒的心情。他甚至咆哮着对陈果说，要练功就不要学琴了！陈果没有想到，自己敬重的老师对她修炼“法轮功”竟如此大动肝火。她在老师面前号啕大哭，泪眼汪汪地说：“老师，您可千万不能不要我了。我要学琴，我不能没有琴啊！”

陈果向孙老师，也向学校承诺：绝不在学校练功，绝不给学校找麻烦，绝不参与社会上有关“法轮功”的活动。

可是，令孙老师遗憾的是，他最终未能阻止郝慧君对陈果的“争夺”。寒假开始几天后，陈果就被妈妈郝慧君和其他痴迷者连哄带骗，拉到了天安门广场，成为参与自焚的7名“法轮功”信徒之一。

陈果为什么要在花季年华走向自毁？难道她就真的不知道“自焚”是要以自己的琴艺、肉体以至生命为惨重代价的吗？

在天安门自焚事件中，有一对母女不幸死亡。女儿是12岁的开封市苹果园小学五年级学生刘某，母亲刘春玲是苹果园小学的老师。刘某也是在母亲的影响下，相信李洪志“升天”“圆满”的谎言，认为到了“天国”，“树是金的，鸟是金的，房子是金的”，结果，母亲刘春玲当场烧死，刘某因抢救无效死亡。

54岁的马建民修炼“法轮功”两年，出现精神失常。他听信李洪志会给信徒安“法轮”的谎言，相信自己腹部真有个“法轮”在转。1998年9月4日，他用剪刀自残，想找出“法轮”看个究竟，结果血流不止而亡。

1999年3月20日凌晨2时，河北省承德市“法轮功”练习者李某（不满18岁）手持尖刀，在家中残忍地杀害了自己的父母。公安机关审讯时，警察问他：“你为什么杀害父母？”他竟然回答说：“我觉得父母是魔鬼，我是佛，我要把他们全部杀死。”

警惕邪教组织对青少年的毒害

浙江陈某投毒杀人事件也让世人震惊。2003年6月26日，浙江省苍南县“法轮功”痴迷者29岁的陈某，为求“圆满”，制造了系列投毒杀人案，导致17人死亡。他甚至向4名小学生赠送掺有农药的饮料，谎称是很好喝的

“口服液”。有的学生立即拒绝，有的学生打开后闻到古怪的气味扔掉，还有的学生带回家交给家长，辨识后觉得可疑才免于受害。

福州市某职业中专电机系六班一个叫翁某的学生，小学五年级时曾被评为市级“三好学生”，进入中学后，各方面表现不错，成绩也很出色。翁某身体瘦弱多病，母亲听信李洪志“业力”回报邪说，让儿子跟着自己练“法轮功”，想以此改变命运。翁某练功后学业荒废，考试门门不及格。正值青春年华的他，最后退学在家，也不愿找工作，变得孤僻、暴躁，两眼直呆呆的。母亲醒悟后说，是自己把孩子给害了。

除了“法轮功”外，在我国比较活跃的邪教组织还有以下几种。

“全能神”，又称“东方闪电”“实际神”，20世纪90年代初从邪教组织“呼喊派”分化演变而来。头目赵维山，冒用基督教名义，推出一个“女基督”作为傀儡，秘密传播，发展成员。

“呼喊派”，又名“神的教会”，自称“地方召会”“主的恢复”，是美籍华人李常受于1962年在美国创立的。它也是冒用基督教的邪教组织。

“门徒会”，又称“三赎基督”“三赎教”“二两粮教”“蒙头会”，由陕西农民季三保（原名季忠杰）于1989年建立，自称是基督教。该组织宣扬末世论，胡说“信教可以每人每天只吃二两粮，不用种庄稼”等。

“统一教”，由韩国人文鲜明于1954年在韩国创立，1999年改名为“世界和平统一家庭联合会”，以投资赞助、旅游、参观访问等名义对我国进行渗透。其下属机构“国际教育基金会”曾打着文化交流、教育合作等名义，在我国一些城市设立分支机构，非法传教，拉拢中国学生入教。

“观音法门”，由释清海于1988年在我国台湾成立。释清海，俗名张兰君，女，1950年出生于越南，英籍华人，标榜自己是“清海无上师”。该组织以“素食救地球”相标榜，兴办“素食店”从事“以商养教”活动。

“血水圣灵”，全称“耶稣基督血水圣灵全备福音布道团”，头目左坤。设立之初即被台湾当局认定具有邪教倾向，后移至美国。该组织重点在大、中学校学生中发展信徒。

“全范围教会”，由徐永泽（2000年4月逃亡美国）于1984年4月建立。“全范围”意即包括地球上所有重生得救的人们。其纲领是要实现“中国文化基督化、全国福音化、教会基督化的国度”。该组织聚会时教众往往大声哭泣，因此又叫“哭重生”。

“三班仆人派”，由徐文库于1986年创立。打着基督教

“真理教会”的旗号，以“神在教会里按三种不同的等级，给同工不同的能力、权柄来管理教会”，因而被称为“三班仆人派”。该组织曾制造杀人案件17起，杀害21人，社会危害极大。

“灵仙真佛宗”，由美籍华人卢胜彦（台湾省嘉义县人，1982年定居美国）于1979年在我国台湾创立。他打着佛教旗号，自称“活佛”“佛主”，杂以明清以来民间“会道门”的“灵机神算”等欺世惑众、蒙骗群众。

“中华大陆行政执事站”，由王永民（原“呼喊派”成员）于1994年创立。该组织宣称“‘中华大陆行政执事站’的建立就是要扩大行政人员，壮大神的联合体，推倒撒旦的行政”，宣扬“末世已经来临，1999九九归一，神国将要建立”。

“华藏法门”，又名“华藏宗门”，是20世纪90年代初由广东人吴泽恒创立的邪教。他自称佛教第88世、禅宗第32代和“大日如来佛”化身、秦始皇转世等，骗取信徒信任，以此敛财骗色。

除上述邪教外，还有“灵灵教”“华南教会”“被立王”“主神教”“世界以利亚福音宣教会”“圆顿法门”“新约教会”“达米宣教会”“天父的儿女”等邪教组织。这些邪教组织在我国境内也有传教、聚会、滋事等活动。

为了便于识别和防范邪教，同学们要擦亮眼睛，看看邪教具有哪些特征。

不论邪教组织冒用何种宗教、气功或其他名义建立，不论它们怎样打扮伪装自己，邪教组织都具有以下六个特征：教主崇拜、精神控制、编造邪说、聚敛钱财、秘密结社、危害社会。

（1）教主崇拜。宗教信奉的是超人间的“神”，而不是现世之人。例如，基督教崇拜耶稣，天主教崇拜上帝，伊斯兰教崇拜安拉，佛教崇拜佛祖释迦牟尼，等等，他们都是超人间的“神”，不是现世之人。而邪教信奉的是现世活着的人，是所谓的神化了的“教主”。“法轮功”李洪志自称是比上帝还高、还大的，是至高无上的，造就一切的“主佛”；全能神的“女基督”自称是“第二次道成肉身”，神化自己，以此让成员顶礼膜拜。

（2）精神控制。精神控制是邪教教主为巩固其“神圣”地位，维持信徒效忠的基本手段。邪教组织往往采取将信徒与外界隔绝的方式，每天不断灌输歪理邪说，信徒只能按照规定唱歌、祷告、背诵教义，和以前学过的东西一刀两断。信徒长期生活在这种环境中，很容易丧失分析思考能力，全盘接受教主的邪说，这就是通常所说的“洗脑”。邪教组织还编造各种“末世”“惩戒”，如“法轮功”用“形神俱灭”、“全能神”用“硫磺火湖”等来恐吓信众，迫使信众听其摆布。

（3）编造邪说。编造邪说是邪教教主蒙骗坑害其成员的共同伎俩。惯用的手法是：描绘地球之外更美的世界和文明——预言世界末日——教主将成为唯一救主——信徒恐惧、追随、等待——末日并未出现——归功于教主轻施妙手。20世纪80年代的邪教往往宣称20世纪90年代会有世界末日，而20世纪90年代的邪教则宣称1998年或1999年是世界末日。即便是进入21世纪，邪教组织也一样有各种预言，而现实世界的战争、瘟疫等往往会被他们利用，来佐证自己的理论和教主的神通。如“法轮功”头目李洪志说，人类有81次被毁灭，不久地球就要爆炸，只有他可以推迟地球的爆炸。2012年，“全能神”借玛雅传言，声称“世界末日就要来临”，只有信“全能神”才能得救，凡不信和抵制的都将被“闪电”击杀。

（4）聚敛钱财。李洪志早期在国内传授“法轮功”，形成了办班、出书、销售练功物品的“一条龙”敛财链，总销售额达161亿元，骗取的钱财更是难以估算。逃到国外后，他用骗取信众的钱财，购豪车、置别墅，过着花天酒地的生活。日本的“奥姆真理教”头目麻原彰晃称他身上有“特殊基因”，他用过的洗澡水、他的头发、他吃剩下的饭菜都有灵验。想喝麻原彰晃的洗澡水，花五万日元可得到500毫升，他的胡须每根每厘米卖3万日元，因此都可以以商品而荒谬的价格向信众售卖。

（5）秘密结社。邪教都有一套严格的组织体系。美国的“上帝之子”各成员，都有代号，不允许直呼其名。“全能神”组织都使用化名、暗语、代号进行专人单线联系，经常更换通信工具和联络方式；各级负责人异地任职，聚会采取临时通知办法，地点不固定，设有观察哨。“法轮功”曾在全国许多地方建了总站、辅导站、练功点，还建有秘密联络点，以“传教”“练功”等形式发展成员，壮大组织。

（6）危害社会。20世纪六七十年代以来，西方国家的邪教组织制造了一系列震惊世界的惨案。1978年，“人民圣殿教”教主琼斯由于受到美国国会议员的调查，后与913名信徒在丛林集体吞服含有氰化物的饮料，走上末日之途。1995年，“奥姆真理教”为了验证教主的预言，连续制造了10起杀人事件，其中教徒在东京地铁使用沙林毒气杀人，致使无辜者12人死亡，5000人中毒。2001年1月，7名“法轮功”痴迷者为了“升天圆满”，在天安门广场制造了自焚事件，导致2人死亡、3人严重烧伤。

总结来说，不少邪教利用现有宗教的部分教义、形式，发展自己的歪理邪说，吸引和迷惑信众。但它们的区别还是很明显的，一个重要特征就是看它是否把活着的教主称为“神”，要人对其顶礼膜拜。

三、神、神话故事与宗教信仰

要认清邪教的邪恶本质，不能不对神、神话传说以及国家保护公民宗教信仰自由等社会常识问题有所了解。

神，实际上是不存在的。

不是吗？我们谁也没有真正看见过神，谁也没有真正听见过神在说话或者唱歌。我们在家里、学校里、公园里、马

丰富多彩的中国神话故事

雷电是自然现象

路上都没有遇到过任何一个神话故事里所描写的神。

可是，神却时常成为人们谈论的话题，许多书上也提到各种各样的神，老爷爷、老奶奶说起有关神的故事绘声绘色、煞有介事。这是怎么一回事呢?

原来在远古年代，人类对自己的生命、对自然界、对整个宇宙的知识掌握得非常少，对生、老、病、死的原因不清楚，对风、雨、雷、电等自然现象产生的原因不了解，以为都是由具有超凡能力的神掌握的。例如，雷电现象产生的原因，在现代可以说是常识，可是在古代，人们只能用雷神来加以解释。在神话传说中，雷神是一个脸孔黑黑的、嘴巴尖尖的、眼睛瞪得溜圆溜圆的人，两只手分别拿着锤子和凿子，重重一击，于是一道亮光过后，传来巨大响声。还说谁要是做了亏心事，就可能遭到雷劈，等等。

我们今天对这些说法当然不以为然。但在当时，由于社会历史条件和科学知识水平的局限，人们产生这些看法、想法是可以理解的。所以在很早很早以前，东方就有了神，西方也有了神。

在古代，人类的风俗习惯、言谈举止，受到神的影响十分广泛。而对神的崇敬、恐惧或祈求渐渐成为人类文学艺术活动的一个重要内容，成为小说、诗歌、戏剧、舞蹈、绘画等各种文艺形式的主题之一。

嫦娥奔月

神话故事十分生动，往往间接地倾诉人类的欢乐与悲哀，表达人类的尊严和愿望，并以此强烈对比是与非、美与丑、善与恶、真与假。今天我

后羿射日

们还可以读到好多神话故事书，但神话故事的流传与出版不是说神是存在的，不是宣传迷信，而是因为它们是中外灿烂文化的重要组成部分。经改编的中国神话故事也出现在小学生的课文和指定课外读物中，如《神笔马良》《嫦娥奔月》《后羿射日》《神农尝百草》和《牛郎织女》等。

因为人们对神话故事耳熟能详，所以在日常对话、文学创作中都经常会加以引用，如毛主席于1957年发表了怀念杨开慧、柳直荀烈士的词《蝶恋花·答李淑一》。

我失骄杨君失柳，杨柳轻飏直上重霄九。问讯吴刚何所有，吴刚捧出桂花酒。

寂寞嫦娥舒广袖，万里长空且为忠魂舞。忽报人间曾伏虎，泪飞顿作倾盆雨。

词中直接涉及的神话故事有嫦娥奔月、吴刚伐桂。毛主席在词中运用神话典故，既增强了可读性，又充分抒发了对烈士杨开慧和柳直荀的崇敬和怀念的思想感情。

神话故事来源于不同的时代和地域，有的具有明显的民族和宗教特征，不同民族和宗教都有各自的神话故事。神话故事中的主人公，有的历史上确有其人，后来被不断神化，如关羽、华佗、济公、鲁班等；有的一开始就是虚构的，如马良、嫦娥、牛郎、织女等。

《西游记》中的唐僧师徒

中国古典文学巨著《西游记》也可以说是一部神话故事。故事写唐僧去西天取经的经过，共100回。小说中的唐僧，是根据唐朝的高僧玄奘这个真实人物塑造的；西天取经也确有其事，“西天”指印度，“取经”是去学习研究佛教并带回佛经。由于取经的过程十分危险与艰苦，作者展开丰富想象，塑造了孙悟空、猪八戒、沙僧等许多人物，并构思了与妖魔鬼怪斗智斗勇的动人故事情节。

说了“神”，也要说一说“鬼”。人，有生必有死。人死后会不会变成鬼？会不会因为生前的作为受到褒奖或惩戒？古今中外众说纷纭。无神论者的观点是既无神灵，也无鬼怪。

距现在近2000年的东汉时期，有个著名的无神论者叫王充。那时候，很多人都相信有鬼神。而王充说：“我就不认同人死变鬼的说法。人也是一种物，为什么其他动物和植物死后不变鬼，单单人变鬼呢？”一位老人说：“人不是有灵魂吗？而其他动植物没有。”王充又说：“灵魂不过是一种精气，它生于人的血脉。人死了，血脉就枯竭了，精气（灵魂）也就消失了。这就像火焰生于蜡烛，蜡烛烧完了，火焰自然熄灭了一样。”那位老先生又说：“你不信鬼神，为什么祖祖辈辈、世世代代都流

东汉著名思想家王充

传鬼神的说法呢？”王充针锋相对地说：“提到祖祖辈辈就更麻烦了。人若一死就变成鬼，那么世世代代死的人比现在活在世上的人多多了。那我们岂不是时时、处处都要遇到鬼了吗？至于世代流传，那么到底有谁真正见过神或鬼，真正听见过他们在说话或唱歌呢？”

部编版小学语文四年级上册里，有一篇课文《西门豹治邺》，说了这样一个故事。2000多年前的战国时期，魏国的漳河经常闹水患。一些地方官吏勾结巫婆，年年都搞给河神娶亲的迷信活动，并趁机大量搜刮钱财，弄得老百姓民不聊生，而且每年都有年轻的女孩子因此丧命。新县令西门豹到任后，巧妙地惩治了借迷信发财的巫婆和官吏，带领老百姓兴修水利，灌溉农田，漳河再无水患。

西门豹不信邪

西门豹“敢问苍生不信鬼神”的做法深受后人推崇。晚唐诗人汪遵用一首绝句称赞西门豹：“花貌年年溺水滨，俗传河伯娶生人。自从明宰投巫后，直至如今鬼不神。”

这个故事告诉我们：“鬼神不可信，迷信真害人。”

古代的人们对神与鬼的崇拜与恐惧，促进了宗教的诞生。中国是多民族的国家，也是多宗教的国家。中国现有的宗教有佛教、道教、伊斯兰教、天主教和基督教。

不管哪种宗教都叫人信仰和崇拜神。所以，有些人遇到什么难事，总要口称阿弥陀佛、菩萨保佑、神仙保佑、真主保佑、上帝保佑等。各地也有许多宗教场所，如福州的鼓山

福州鼓山涌泉寺

陈靖姑石雕像

涌泉寺、西禅寺、开元寺等属于佛教。于山的九仙宫、乌山的吕祖庙、金鸡山的昭天君、仓山龙潭角的陈靖姑、福清石竹山的道观、莆田湄洲岛的妈祖等，属于道教。福州南街有座清真寺，属于伊斯兰教。鼓西路的天主教堂、泛船浦的天主教堂等属于天主教。花巷基督教堂等属于基督教。

宗教劝人行善，劝人友爱，劝人谦虚谨慎，劝人勇于改正缺点，劝人做好人，以此来换取来世的幸福。例如，福州鼓山涌泉寺前小广场入口处牌楼上有“回头是岸”四个大字，西湖开化寺门墙上刻有“诸恶莫做、众善奉行”等。

我们还要知道宗教也是一种文化，是我国灿烂悠久的历史文化的重要组成部分。这文化不仅指建筑、雕塑、摩崖题

福州泛船浦天主教堂

刻、石窟等所体现的艺术价值，也指非物质的精神价值。《封神榜》《白蛇传》《宝莲灯》等原著和改编的影视剧，好多人都十分喜欢看、喜欢读。《三国演义》《水浒传》《红楼梦》等名著里都有宗教文化的内容。还有许多宗教故事传说，大家也都喜欢听。例如，妈祖保护渔民航行安全的故事，陈靖姑祈雨帮助人们抗旱的故事，等等。

前面提到的那些宗教场所，许多位于名山胜景之中，因而无论是否有宗教信仰，人们都喜欢前往参观游览。也许有同学喜欢在古刹中欣赏名句，除了前面提到的摩崖题刻，还有一些楹联也是值得吟咏回味一下的。例如，鼓山涌泉寺大殿入口处弥勒佛两旁的对联，不知大家注意到了没有，上下联各30个字，对仗十分工整。

福州西湖开化寺外墙上的题字

日日携空布袋，少米无钱，却剩得大肚宽肠，不知众檀樾，信心时用何物供养；

年年坐冷山门，接张待李，总见他欢天喜地，请问这头陀，得意处有什么来由？

说起弥勒佛旁的对联，还有一副对联很有意思，又容易理解：

大肚能容，容天下难容之事；

开口便笑，笑世间可笑之人。

据不完全统计，我国现有各种宗教活动场所达14万处，宗教教职人员约36万人，宗教团体5500多个。我国宪法规定“公民有宗教信仰自由”。但根据有关规定，宗教组织和信徒是不允许在宗教活动场所以外传教、宣传有神论和散发宗教传单

举办培训班，诱骗未成年人

以及出版发行宗教书刊的。宗教不得妨碍国家教育制度和教育活动，任何宗教团体不得到学校开展任何宗教活动，例如举办少儿宗教唱诗班和少儿宗教夏令营等。我国公民既有信教的自由，也有不信教的自由。但未成年人年纪小不能信教，不得跟随成年人或独自参加宗教的任何活动。

邪教组织常常冒用宗教的名义干坏事，利用未成年人缺乏判断能力的弱点，极力在未成年人中发展成员。前些年破获的一起案件中，一个邪教组织以宗教“传教”为名，举办培训班，诱骗100多名未成年人参加，向他们灌输歪理邪说，参加者年龄最小的只有13岁。

邪，是相对于正而言的，邪教是与宗教，或与主流社会认同的意识形态相抵触的一套歪门说教，并由此形成的反政府、反社会、反人性的极具危害的破坏性组织。

具体说来，宗教与邪教明显的区别主要表现在以下几个方面。

（1）宗教倡导信徒融于社会，造福人类，维护社会和谐。如佛教的“庄严国土，利乐有情”，天主教、基督教的“荣神宜人”，道教的“慈爱和同、济世渡人”，伊斯兰教的“两世吉庆”等。这些说法虽然不尽相同，但都是引导信徒与社会相适应，教人向善的。

邪教则完全相反，虽然它盗用了宗教的一些用语，但它的本质是反社会的。它们蛊惑煽动成员仇视社会，危害社会，甚

做礼拜

儿童画《破除迷信》

至带有政治野心，鼓吹、煽动推翻中国共产党的领导和社会主义制度。

（2）宗教信仰和崇拜的对象是各个宗教特定的神，是固定不变的。邪教崇拜的则是“教主”本人。邪教头子总是冒用神的名义，自称是神的“替身”“代表”或“仆人”，是神的“肉身再现”，只有他可以与神沟通。他们自称是至高无上的“神”“主”“活基督”，是世界的创造者、主宰者和救世主，并吹嘘自己有种种超常、特异的能力，神化自己，使成员产生神秘感、敬畏感，对他们盲目服从，从而达到对成员进行精神控制的目的。

（3）我国宗教的团体组织和活动场所需合法登记。信教公民的集体宗教活动在经登记的宗教活动场所，如寺院、宫观、清真寺、教堂内举行，由经宗教团体认定、政府宗教事务部门备案的宗教教职人员主持，按照教义教规进行。

邪教则活动诡秘，与黑社会组织很相像。他们采取地下活动方式，串联、聚会活动多在比较隐蔽的地点进行。例如，我国破获的一个邪教组织，“教主”和骨干全部使用假名、化名，用暗语进行联系，平时在设有暗道的房间或地下密室内活动。

宣扬迷信是邪教蛊惑蒙骗人们的主要手段之一。要抵御邪教侵蚀，必须崇尚科学，反对迷信。有些学生对算命、吉祥数字、占星和“神功异能”等感到好奇，因而很容易受这方面的暗示和蛊惑。其实，算命完全是蒙人的。人生有许多不可测的因素，迎合一些人的愿望和需求，就产生了各种预测命运的算命活动，如抽签、详梦、测八字、看相等。以抽签为例，签盒里的每根签都有签词，而签词大都模棱两可。详签同样具有很大的灵活性和欺骗性。有个故事是这样的：

一位秀才参加科举考试前做了两个梦，梦见自己到墙头种白菜和下雨时准备了两种雨具。算命先生装模作样地说，到高处种菜“吃力不讨好”，准备两种雨具则是“多此一举”，因此你这次考试完全没有希望。秀才住宿的店家知道了，为了留住秀才，多赚他几天房钱和饭钱，也来给他详梦。他掰着手指重新算了一通故意说，你高处种菜是“天天在登高”，准备两种雨具是考试前“做了双重准备”，因此这次考试你完全有希望金榜题名。

看，同样的梦却可以有完全不同的解释，详梦所说的话不可信吧！

四、学习科学知识 提高辨别能力

科学文化是人类社会进步的阶梯，是精神文明的基础，更是人类战胜愚昧与迷信，戳穿邪教歪理邪说的锐利武器。

小学生要识破邪教、远离邪教，最重要的一种方法就是要多学习科学知识，努力提高自己分清是非，辨别善恶、美丑的能力。下面我们针对邪教的几个歪理邪说，介绍一些科学知识和社会常识，供同学们学习与讨论。

1. 真有“天堂”和“地狱”吗？

有个成语叫“天高地厚”。不少年纪大的人常用“真不知天高地厚”来责备年轻人不知事情的艰巨、事态的严重。那么，天到底有多高？地到底有多厚呢？古人说的“天”，是指地球至太阳的距离，但那时候谁都不知道比较确切的数据，只好用一些模糊的词语来描写，如“九重天”“九霄云外”“万

“嫦娥五号”成功落月

里长空”等。

2007年10月，我国成功发射了第一颗绕月人造卫星“嫦娥一号”。2020年11月24日，“嫦娥五号”成功发射，并于2020年12月17日携带着采集的月壤顺利返回地球。现在天文学家已计算出地球到月球的平均距离是38.4万千米，地球与太阳的平均距离是1.5亿千米，大约是地球与月亮距离的395倍。

月球表面温度变化剧烈，面向太阳的一面，温度高达130℃，背向太阳的一面，温度可以下降到-180℃。而太阳是个大火球，表面温度高达5500℃，要知道炼钢炉内沸腾的钢水也只有1700℃，不及太阳表面温度的1/3。这么高的温度，即使是“不怕火”的真金，也会熔化，乃至变成气体。太阳中心区

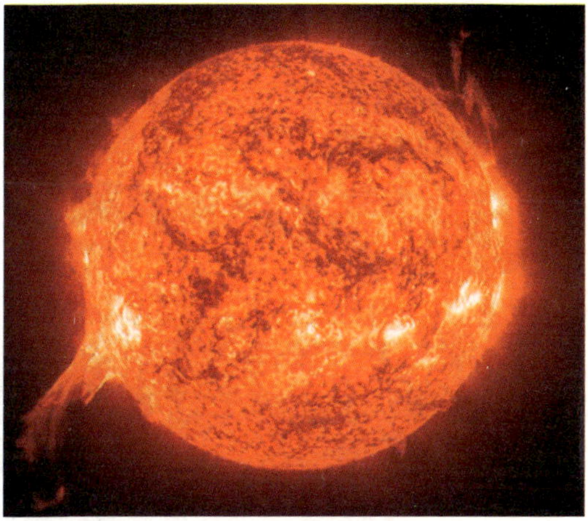

太阳耀斑爆发

域的温度则高达1500万摄氏度。

因此，在这样的特定环境里，不论是月球还是太阳都不可能存在“天堂”。

地球赤道长度（即地球最大周长）约4万千米，这个圆的直径约有1.27万千米，即古人所说的“地厚”。地球的中心点，即地心也不可能有所谓的“地狱”。

宇宙是无限大的，是包括地球和一切天体的无限空间。地球和其他行星围绕着太阳转，连同它的卫星、无数的小行星、彗星等组成了范围很大的太阳系。但是，太阳系只是银河系中很小的一部分。而很大很大的银河系也只是宇宙中很小很小的一部分。大家很难想象出宇宙究竟有多大，用“无限大”来形

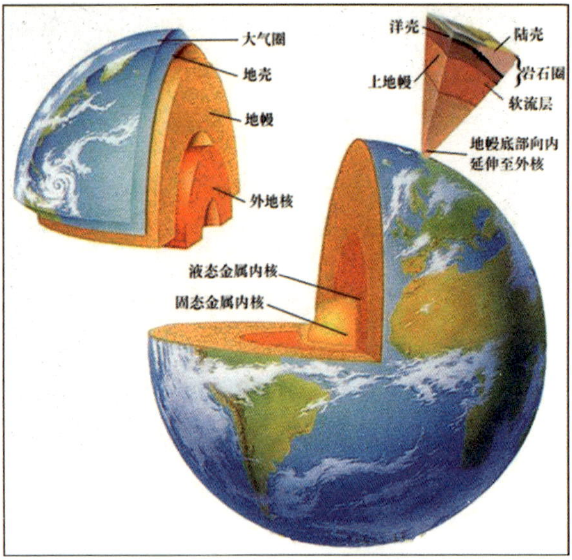

地球内部结构图

容是十分恰当的。

神话故事中虚构了“天堂”与“地狱”，是为了劝人们多做善事不做坏事，以求得死后可以上“天堂”，否则就要下“地狱”受苦受难。这是有利于自己也有利于别人的，对社会没有危害。而邪教为了欺骗人们加入他们的组织，说什么“世界末日就要到了，地球就要爆炸了”，只要加入他们的组织，只要按“教主”的指示行事就可得到解救，这就是散布谣言，威胁群众，扰乱社会秩序，要坚决加以反对。

2.“世界末日”是怎么回事?

1992年夏秋两季，一幕“世界末日来临”的闹剧在韩国爆发。8月，数以千计的韩国人辞去工作，离开家人，为“世界末日”的到来作准备。原来，韩国有70多个宣扬“世界末日”的福音教会宣布，从10月28日开始，人类将开始7年大灾难。而7年后恰好是1999年（即20世纪末），将有5000万人死于地震，5000万人被倒塌的房屋活埋，5000万人死于大火，14亿人死于第三次世界大战，14亿人丧生于另一场善与恶的决战，只有其信徒才能得救。这个预言在韩国引起一片混乱。一位家庭主妇说，她的丈夫放弃了高薪工作，加入“末世教会”，又卖掉房子，买了一张升入天堂的“保证券”。甚至有孕妇堕胎，以免因为身体太重，不能升天……

1999年10月22日，韩国政府以诈骗等罪名，逮捕了“末世教会”的首领李章林。检察官说，这个李章林在过去4年里，向他的信徒们骗取了400万美元。

10月28日，韩国警察在200多座教堂外警戒，以防止“末日”期限过后有人会因失望而集体自杀或引起骚乱……

这次“末日”恐慌还波及其他一些国家和地区，如美国、埃及、菲律宾等。

在中国，“法轮功”头目李洪志也抛出“地球毁灭论”：宣传“宇宙大爆炸”“地球很快就要毁灭”等。他煞有介事地说，“地球有三次大爆炸。地球的第一次爆炸是由我师爷定的，第二次是由我师父定的，而第三次则是由我定的……”他用这些胡言乱语来吓唬人们，是为了扰乱人们的思想，制造恐慌，达到破坏社会稳定的目的。同时又从“末世论”和“地球爆炸论”中导出“救世论”。李洪志以当代“救世主”自居，以“超人”“最大的佛”自夸，吹嘘“世界末日”来临、地球爆炸之时，只有他才能拯救人类。

2012年，“全能神”利用“世界末日”传言，在我国多个省份上演了一出“信教保平安”的闹剧。2012年12月21日，按照玛雅历法计算，到这个日期，刚好完成5125.37年的一个

沙尘暴是自然现象

轮回，代表了一个循环年代的结束。这是一种早就没有人使用的古老历法，也与灾难、异象等自然现象没有任何关系。然而它却被“全能神”组织别有用心地加以利用和放大，说是“世界末日”来临，“全能神下凡拯救人”，世界上三分之二的人会死去，“只有加入全能神才能得救保平安”。浙江杭州一名经商的信徒，将近百万元的“奉献款”汇入某地“全能神”账号，以图“末日保平安”。经查这一账户在“世界末日”前后汇入的资金达千万元。2012年12月，河南省光山县的闵拥军，受到同村一名60多岁的“全能神”成员的影响，真以为世界末日来了，要带人上“天堂”，于是闯入校园，砍伤了23名小学生。

从这些案例可以看出，无论国内外，邪教宣扬的“世界末日”都是为了扰乱社会，欺骗更多的人参加他们的邪教。

现在，21世纪早已平安降临，那些有关“末日”的歪理邪说都不攻自破，留给人们的则是深深的思考。

地震、火山喷发、海啸等自然灾害虽然会造成人类生命财产的重大损失，但这并不是世界末日。如果同学们能找这些方面的科普书籍来读读，一定可以进一步丰富自己的知识，认清邪教理论的欺骗性。

3. 不学习功课，可以提高学习成绩吗？

学好功课是小学生的主要任务。大家都想好好学习，提高自己的成绩。如果有人劝说你加入某些教派，说能够“不学也自通”，可以提高成绩，你信不信呢？

福建电视台“大视野”栏目曾经策划过一个节目，请中国人民大学教授刘美珍和福建师范大学教授孙绍振进行“乐学”与“苦学”的辩论。他们互为正方与辩方，婆说婆有理，公说公有理，给听众上了十分精彩、生动的一课。刘教授从教育学、社会学、心理学的观点角度，列举一些学校教育试验的实例，说明快乐学习的重要性和可行性。而孙教授引经据典，滔滔不绝地阐述学习是一项艰巨的劳动，只有刻苦学习才能学有所成的道理。辩论结束后，主持人请特邀嘉宾们发表意见。其中一位嘉宾说，他听两位教授的发言都深受启发。他认为学生的主要任务是学习功课，而学习各门功课的的确确是一项艰苦劳动，不下苦功夫绝对不行。但是，在勤奋学习的过程中完全可以体验到快乐。“兴趣是最好的老师”，在老师的帮助下，学生对学习某些学科的知识产生了浓厚的兴趣。在学习过程中，掌握良好的学习方法，能使自己的学习效率得到提高。有时这类学习方法是自己摸索出来的，可以在自己一生的学习、工作和生活中得到应用。在学习上有了一些进步，得到来自同学、老师及长辈的赞许等都可以让同学们产生积极、快乐的情绪体验。这些方面都是快乐学习的具体体现。同学们，你们说有没有道理呢？但是，无论“乐学”还是“苦学”，都要经历学习的过程，什么“不学也自通”肯定是骗人的鬼话。

关于学习，这里向大家提三个建议。

首先，珍惜时间，勤奋学习。

鲁迅先生只活了短短的56岁，却给我们留下了600多万字的作品，是宝贵的文化遗产。据统计，他在从事写作的18年中，每年平均写作30多万字。

不少人称鲁迅先生是天才。他却说：“哪里有天才，我是把别人喝咖啡的工夫都用在工作上。”

鲁迅先生十分珍惜时间，他认为“时间就是生命”，“时间像海绵里的水，只要愿挤，总还是有的”。鲁迅晚年体弱多病，也更加珍惜时间。去世前的十几小时，他还在写日记、读报纸。

鲁迅先生

航天英雄杨利伟从小就很勤奋地学习功课和锻炼身体。他当上飞行员后，正好碰上国家决定在1500名优秀飞行员中选拔14名航天员，进行长达5年、涉及25个专业的学习与训

航天英雄杨利伟

练。杨利伟凭着顽强的意志和扎实的基础，以优异的成绩入选。但刚开始时，杨利伟在由14名航天员组成的中国航天员大队中并不是最出色的。他有一股不服输的劲头，天天刻苦训练。飞船模拟器是在地面等比例真实模拟飞船内环境、对航天员进行航天飞行程序及操作训练的专业技术训练场所。那里仿佛成了杨利伟的“家”。飞船从发射升空到进入轨道，再调整姿态返回地球，持续时间几十个小时甚至上百个小时，飞行程序指令上千条，操作动作有100多个。舱内的仪表盘红蓝指示灯密密麻麻，各种线路纵横交错，各种设施星罗棋布。要熟悉和掌握它们，并能进行各种操作和故障排除，只有靠反复演练。杨利伟把词典一样厚的航天员飞行手册从头背到尾；反复熟悉飞船模拟器的设备图、电路图，别人随口说一个设备，他能马上说出它的颜色、在飞船内的位置以及功能。功夫不负有心人，后来在5次模拟飞行程序考试中，杨利伟取得了2个99分、3个100分的好成绩，专业技术综合考评排名第一，最终赢得了神舟五号飞船首飞的珍贵机会，成为遨游太空的第一个中国人。

这些事例都说明天才与勤奋是密不可分的。成年人是这样，少年儿童也是这样。

有的同学认为，勤奋学习就是把除了睡觉、吃饭以外的所有时间都用在学习上。这种看法是不全面的。勤奋学习，必定要比别人多花些时间。但同时也要努力培养良好的学习习惯，掌握正确的学习方法，逐步明确学习目的，保持浓厚的学习兴趣。

让我们一起来读几句谚语或诗句，并理解其中的含意。

一寸光阴一寸金，寸金难买寸光阴。

少壮不努力，老大徒伤悲。

只要功夫深，铁杵磨成针。

书山有路勤为径，学海无涯苦作舟。

第二，培养学好各门功课的浓厚兴趣。

“兴趣是最好的老师。”这句名言告诉我们，在学习过程中兴趣所起的作用是很大的。有了兴趣，你就可以挤出时间来学习，其他活动可以让位；有了兴趣，你就可以克服许许多多困难，再大的绊脚石也能踢开。

博学多才的富兰克林，是美国18世纪的大科学家和政治家。有人问他：“你那渊博的知识是怎么来的？”“靠自学，”富兰克林不假思索地说，“读书是我唯一娱乐。”把读

美国科学家富兰克林

书看作娱乐，也就是对学习产生了浓厚的兴趣。

富兰克林曾回忆道："因工作之便，我认识了书店的一名店员。从此，那个店员常常暗地里把新书借给我。为了不露破绽，书一点也不能弄脏。晚上借的书，必须在第二天清晨送还。因此，我经常在自己的房间里读到鸡鸣天晓。"看，兴趣所起的作用有多大！

一些学习游戏能激发大家的兴趣，让同学们觉得学习是件快乐的事。我们不妨模仿语文学习游戏，来玩个"远离邪教"的游戏吧。

首先，由活动主持人出题说出（或写出）下列歇后语的前一部分，要求同学们答出后一部分：

孔夫子搬家——尽是输（书）

黄鼠狼给鸡拜年——没安好心

猪鼻子插葱——装像（象）

竹篮打水——一场空

大炮打蚊子——大材小用

十五个吊桶打水——七上八下

冰凌挂胸口——冷透了心

自行车下坡——不睬（踩）

小巷子里抬竹竿——直来直去

阎王出告示——鬼话连篇

接着，以这些歇后语为素材，请同学们把下面的反邪教宣传语连接完整：

邪教假装关心小朋友，真是——

邪教的书千万别看，这样的书里都是——

小朋友如果擦亮眼睛，邪教的骗术就会——

如果有人跟我宣传迷信，我就会来一个——

同学们还能创作出其他反邪教宣传语吗？来试试看吧。

第三，要常对自己说“我能行”！

“成功”是一个十分诱人的词。同学们在学习中可以品尝到一个个小小的成功，将来就可能得到大大的成功。但是成功的道路并不平坦，需要付出艰苦的劳动。

唐朝诗人王勃的《滕王阁序》是一篇脍炙人口的文学作品。位于江西南昌的滕王阁建成后，官府举办了一场盛大的宴会以示庆贺。宴会上，太守请一些有名的文人作序。由于他们对自己信心不足，害怕出丑，都婉言拒绝了。当太守请王勃作序时，这个初出茅庐的青年一口答应，即席写出了不朽名篇，

南昌滕王阁

令在场所有的人拍案叫绝。这说明王勃对自己有充分认识，对自己的才能有正确估计，对自己充满自信。这篇文学作品中的“落霞与孤鹜齐飞，秋水共长天一色”成为千古绝唱。

J.K.罗琳曾给12家出版社发去《哈利·波特与魔法石》的稿件，但大多数都被退回。编辑在退稿信里告诉罗琳，她的书没有商业价值，甚至还有编辑劝她去上写作培训班，提升一下写作水平。不死心的罗琳把第一封退稿信钉在了厨房的墙上，她坚信终有伯乐会看中她这匹千里马，即使她后来以哈利·波特系列名满天下，也保留着这些信件。她说看着这些会让自己更加勇敢，因为“没什么可输的”。

李时珍

爱迪生

一个人要想有所成就，往往需要投入毕生的精力，如果没有自信心是绝对办不到的。李时珍写《本草纲目》花了27年；爱迪生仅研究电灯灯丝的耐热性，就试验了1600多种材料……如果他们在奋斗中想着“我不行了，我干不了”，又怎么可能有成就呢？正因为他们对自己充满信心，坚持不懈地付出辛勤的心血和汗水，才达到了成功的顶峰。同学们，你同意这个说法吗？如果同意，根据自己的实际情况，应该在学习各门功课的过程中怎么做呢？

4. 不辛勤耕种，地里可以长出庄稼吗？

邪教欺骗农民，说加入邪教“地里就能长好庄稼”“农作物就能增产”，这可能吗？这就涉及天上会不会掉馅饼的生活常识问题了。

锄禾日当午

中国许多古诗都写出了农民耕种的辛苦。

例如《悯农》的第二首：

锄禾日当午，汗滴禾下土。

谁知盘中餐，粒粒皆辛苦。

诗的头两句描绘了这样一幅画面：正午的烈日，照射在锄禾的农夫身上，农夫头上那一滴滴豆大的汗珠不停地洒落在他劳作的土地上。这是通常说的“一粒米一滴汗”的最形象、最生动的说明。

唐代诗人白居易写过一首长诗，把农民割麦的辛勤劳动场面和他们的悲惨生活描写出来，题目叫《观刈麦》。全首诗分三个层次，第一层有这么几句：

田家少闲月，五月人倍忙。
夜来南风起，小麦覆陇黄。
妇姑荷箪食，童稚携壶浆。
相随饷田去，丁壮在南冈。
足蒸暑土气，背灼炎天光。
力尽不知热，但惜夏日长。

这几句诗写出了农民收割麦子时的辛苦。农历五月，小麦成熟，遍地金黄，得赶快收割。本来就很少空闲的农民，这下就加倍忙碌了。他们男女老少齐动员：青壮年男子起早贪黑地在南冈的麦田里割麦，妇女们背着竹子编织的饭筐，儿童提着装汤的壶，把饭菜给割麦的人送去。麦田里的农民多么辛苦呀！他们顶着毒热的太阳光，背上被烤得发黑，脚下的土地热气蒸腾，但还是不停地弯腰苦干……

上面描写种田辛苦的古诗，都说明了天上不会掉馅饼的道理。下面两则寓言，说的则是古代不愿付出艰苦劳动，违反农作物生长规律，一心期望天上掉馅饼的蠢人做的蠢事。

揠苗助长

古时候有个人，他巴望自己田里的禾苗长得快些，天天到田边去看。可是一天，两天，三天，

揠苗助长

禾苗好像一点也没有长高。他在田边焦急地转来转去，自言自语地说：“我得想个办法帮它们长。”

一天，他终于想出了办法，就急忙跑到田里，把禾苗一棵一棵往高里拔。他从中午一直忙到太阳落山，弄得筋疲力尽。

他回到家里，一边喘气一边说：“今天可把我累坏了！力气总算没白费，禾苗都长高了一大截。”

他的儿子不明白是怎么回事，第二天跑到田里一看，禾苗都枯死了。

守株待兔

古时候有个种田人，一天，他在田里干活，忽然看见一只野兔从树林里窜出来。不知怎么的，它一头撞在田边的树桩上，死了。

种田人急忙跑过去，没花一点儿力气，白捡了一只又肥又大的野兔。他乐滋滋地走回家去，心里想：要是每天都能捡到一只野兔，那该多好啊。

从此他丢下了锄头，整天坐在树桩旁边等着，看有没有野兔再跑来撞死在树桩上。日子一天一天

守株待兔

过去了，再也没有野兔来过，他的田里已经长满了野草，庄稼全完了。

农作物要长得好，一般要经过翻土、育种、灌溉、施肥、除草、防治病虫害及收成等几个过程，尽管现代农业技术水平提高得很快，良种培育得很好，工厂里生产的各种肥料能满足农作物生长的需要，先进的农业机械广泛使用，能减轻农业劳动强度，但仍然需要辛勤劳动并掌握有关的科学知识和技术。而邪教却说，农民只要参加他们的组织，“天父就会来照看农作物”，农民不需要劳动，农作物就会增产，这怎么可能呢?

5. 人生了病，要不要去医院看病治疗?

邪教“法轮功”首要分子李洪志胡说什么“人生病不能靠吃药治病，而要靠练习‘法轮功’”。别人问他你自己有没有生过病，有没有上过医院?他总是这样说谎骗人：“我从来没有去过医院，也从来没有生过病。”事实上，他既生过病也上过医院。吉林省人民医院病历上有他接受阑尾切除手术，并在手术后使用青霉素、链霉素、葡萄糖等药物的记录。此外，他还曾在长春的7家医院就诊开药。

同学们大都有生病看病、打针吃药的经历。在学校里上过体育课、健康教育课，一定懂得，人生病不能搞迷信，什么“驱魔”、喝“神水”完全不能治病，只会耽误病情，甚至造成更大的问题。

同学们除了上好体育课，努力做到每天有一小时时间参加体育活动外，还要认真学习一些健康知识。

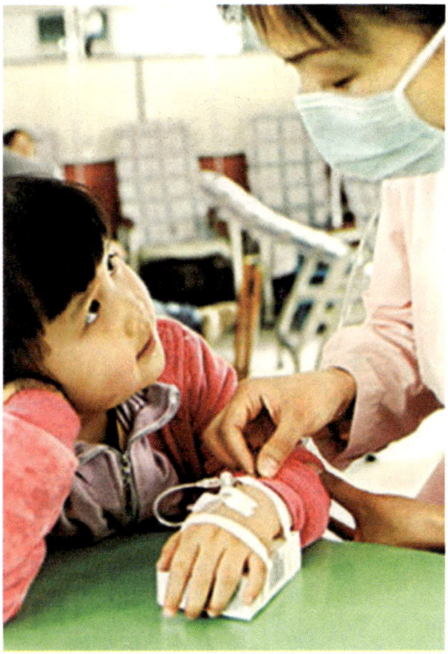

生病了得赶快去医院治疗

人可以活到多少岁？这是很多人关心的问题。

根据一些学者的研究，19世纪时，人类的平均寿命为40.9岁；21世纪的今天，我国的人均寿命已经达到70多岁了。

这说明，随着生产的发展、社会的进步、医疗科学水平和生活水平的提高，人的寿命可以越来越长。

马的平均寿命30~40年

再从生物学的角度来看，人可以活到100岁，甚至更长。

你知道，我们身边的狗、猫、牛、马这些哺乳类动物，他们从幼小到成年，需要多少年？狗，2年；猫，1.5年；牛，

牛能活20~30年

狗的寿命正在延长，最多20年左右

4年；马，5年。而这些动物，它们的寿命有多长呢？狗，10至11年；猫，8至10年；牛，20至30年；马，30至40年。这就是说，它们的寿命是成长年数的5至7倍。人也是哺乳类动物，按照上述规律，人从小孩子长大成人需要20到25年，人的寿命应当是100至175岁。

也许你马上就会问：为什么现在的人最长寿的只有122岁，而绝大多数人活不到100岁呢？

问得好！这正是同学们要知道的问题。一个人的长寿必须建立在全身健康的基础上，而全身健康又是与从小坚持锻炼、讲究卫生和注意全面吸收营养等方面分不开的。因此，你想活到100岁，想为国家多做贡献，你就得多方面注意身体健康。

我们人体的基本单位是细胞。皮肤有皮肤细胞，大脑有大脑细胞，血液有血液细胞，血液细胞中又分白细胞和红细胞，

白细胞是出色的“人体卫士”

骨头、毛发也是由细胞构成的。

人体健康最大的敌人是细菌。皮肤细胞担负起把细菌挡在身体外的任务。细菌侵入体内，那就由血液中的白细胞负责加以消灭，其他部分的细胞进行配合。白细胞待在血管里，顺着血液流动四处巡逻。要是身体里什么地方有病菌钻了进来，白细胞一得到消息，立即会赶赴现场，把病菌团团围住，吃掉它们。所以，白细胞是我们身体里出色的“卫士”。假如侵入人体的细菌不多，危害人体的细菌力量不大，只要靠白细胞消灭细菌就可以了，而我们的身体不会有不舒服的感觉。

如果侵入人体的细菌力量强大，白细胞与细菌进行激烈“战斗”时，也就是人体生病时。这个“战斗”延续的时间越

生活中要养成良好的卫生习惯

长，人体就会发烧、咳嗽、打喷嚏、四肢无力、食欲不振等。不同的细菌，会引起不同的疾病。因此，生了病得赶快看医生，对症下药，有力地帮助白细胞尽快消灭细菌，恢复身体健康。

6. 人体为什么有各种感觉？

人被火烧着了会不会疼痛？答案是肯定的。而2001年天安门自焚事件的组织者却欺骗陈果、刘思影说，“练过法轮功的人，是不会疼的，火一点着，你一下子就会升入天堂”。果真如此吗？完全不是。陈果被烧成重伤后，面目全非，双手残废，疼得直叫唤。刘思影在被点火的一瞬间，大喊：“叔叔救我！”“妈妈救我！”无疑她是被无情的大火给烧痛了。

凡是动物，对外界的声音、温度、气体等各种刺激，都会产生感觉。人是高级动物，各种感觉更是十分灵敏。例如，皮肤有感觉神经，有触觉、压觉和温度的感觉；舌头表面有味蕾感受器，感受味觉；眼睛能感受光刺激，产生视觉；耳朵能感受声音波振动，产生听觉；等等。人的痛觉遍布全身，当受到伤害性刺激时，常常伴有组织细胞损伤，产生疼痛。拿皮肤来说，正常温度对人体产生不了什么大的刺激，可如果开水溅到皮肤上，皮肤细胞就会受到损伤，产生剧痛。自焚者身上泼了汽油，汽油燃烧时会产生高温，人体各器官组织受到的伤害很严重，当然就会产生十分剧烈的难以忍受的疼痛。邪教说什么练功的人自焚不会痛，完全是一派胡言。

另外，还有些邪教的歪理邪说只要我们学习了科学知识就能很容易识破。例如，有人用蜂蜜在地上写字，招引蚂蚁组

蜂蜜写字

成字迹，显示所谓的“神迹”，这是骗人的。因为，蚂蚁爱吃甜的食物，哪里有蜂蜜它们当然聚集到哪里。再如，有的村民在菜窖里昏倒，邪教说这是“鬼”在害人。大家知道菜放在菜窖里时间久了会产生二氧化碳。菜窖里如果通风不好，人到里面吸入过量二氧化碳就会昏倒，严重的还会死去，这和“鬼”一点关系也没有。

尾　声

邪教组织被取缔后，不甘心自己的失败，一方面千方百计地利用人们善良的意愿，继续冒用宗教、气功等，蒙骗群众，拉人入教，企图死灰复燃；另一方面利用电话、传真、电子邮件散发反动传单、投寄邮件、悬挂张贴宣传品，利用网

小学生机智报警，跟踪，照相

络、境外电台等形式进行宣传，或在国外举行集会、示威，把自己打扮成受害者，妄图扩大他们的影响。少年儿童如果发现上述情况，应该坚决不听、不信、不传，注意自我保护，并把情况迅速告诉家长和老师，或者在他们的陪同下，向公安机关、社区报告，积极配合他们做好相关工作。

2008年3月27日下午，福州市钱塘小学的几名学生结伴回家，在学校附近发现有人向过路的人发放“法轮功”宣传卡片。他们马上机智地分工合作，通过报警、跟踪、用手机悄悄地给坏人照相等，为警察查明这个案件提供了证据。福州市晋安区有个小学生，发现1元人民币上有宣传“法轮功”的标语口号，立即报告老师并上交了那张人民币。这些学生警惕性高，勇敢机智，分清是非、善恶的能力强，受到了上级有关部门和学校的表扬。

我们要学习这几位同学的机警、敏锐和胆识，擦亮眼睛，拒绝邪教！

从小培养“崇尚科学、反对邪教”的精神